Género Fantasía

Pregunta esencial

¿Qué podemos hacer para llevarnos bien entre todos?

Soy el juez de este ratón

Ángela María Pérez Beltrán
ilustrado por Eugenia Nobati

Capítulo 1
Los dibujos animados

Soy Juan y me encantan las animaciones. Lo que más me divierte son las animaciones sobre animales ya que con ellos es posible crear historias espectaculares. Un día, hice una animación de una simpática oveja que balaba cada vez que veía una mariposa. La llamé Olga, y entre más balaba, más mariposas llegaban. La imagen resultó ser muy colorida y el sonido, divertidísimo.

Siempre estoy practicando el dibujo; algunos me gustan, otros no tanto. Antes de poner el trazo final, hago muchos intentos. Dibujo montones de copias de un mismo personaje; a veces mi papelera está tan llena de los papeles en los que hago bocetos que parece que fuera a explotar de un momento a otro.

Desde niño siempre me han gustado los dibujos animados. El programa que más me gustaba tenía como personajes principales a un gato y un ratón; los cuales tenían diferentes conflictos que resolvían al final.

El episodio que más recuerdo es uno donde el ratón le dio un coscorrón al gato. ¡Qué atrevimiento! El gato tenía una excelente puntería y quería vengarse, pero intervino un búho con gruesos anteojos y le dijo al gato que nunca es bueno actuar con deseo de venganza. Añadió algo más que jamás olvidaré: "Se atrapan más moscas con miel que con hiel". No entendí sus palabras, así que mis padres me explicaron que las palabras del búho significaban que es más fácil llegar a las personas con dulzura y buenos modales que con agresividad. Recuerdo que al final de ese episodio, el gato habló con el ratón y solucionaron su conflicto. ¡Qué sabio consejo el de ese búho! Tenía toda la razón.

Capítulo 2

Juan

en el caso de Pepe

Mi primera mesa de dibujo la tuve cuando cumplí diez años; fue un regalo de mis papás. Desde ese momento he dibujado sin parar todos los días de mi vida. Por eso, estudié arte en la universidad ¡me encanta mi profesión!

En este momento, estoy dibujando unos robots; mientras lo hago, imagino cómo suena su cuerpo metálico cuando se mueven, cómo se comunican y de qué se alimentan.

Este robot que estoy dibujando, con brazos alargados y una llave en su mano derecha, derrotará a su contrincante en una competencia extrema de construcción de maquinarias: lucha de tuercas y metales. Ganará quien primero construya una maquinaria benéfica para el medioambiente. Tuercotas será el nombre de este robot y Rechín se llamará el robot amarillo. Entre la pila de papeles que tengo frente a mí, alcanzo a ver su cabeza.

Estoy imaginándome este cuento de robots. En la primera escena, Tuercotas y Rechín eligen los materiales necesarios para empezar a construir; mueven sus brazos en cámara rápida, y salen tuercas y tornillos por doquier. Al final, el ganador es Tuercotas, quien construye una máquina que absorbe los gases que destruyen la capa de ozono.

Añadiré un poco más de color en esta esquina y le daré brillo al cuerpo de Tuercotas; no retocaré a Rechín, pues quedó perfecto. Me encanta ese color amarillo y su expresión amable.

¡Qué extraño! Algo está sucediendo, la tinta resplandece; pongo mi pluma en el tintero, intento dibujar, pero no puedo. ¿Qué está pasando? Parece como si entrara en un remolino. Mis papeles comienzan a girar en desorden, veo a lo lejos la cabeza amarilla de Rechín.

De repente veo que todo a mi alrededor es una caricatura: mi ropa no es la misma, estoy vestido como un juez con una toga enorme. De hecho, me siento más pequeño y cuando digo "¡Hola!", noto que algo pasa con mi voz. ¡Es la voz de un niño! Encuentro un espejito para mirarme y... ¡Tengo diez años! Pero eso no lo es todo: estoy dentro de una historia de dibujos animados y me encuentro en la sala de un tribunal, rodeado de muchos animales.

Cuando me siento en la silla del juez, veo a un gato vestido de abogado y a un ratón sentado en la silla del acusado, ¿qué habrá sucedido para que el ratón esté sentado en la silla del acusado? Mmm, lo más seguro es que se haya metido en algún lío.

Don Gato se acerca y me explica la situación. Él es el abogado defensor de Pepe, el ratón que está acusado de tomar un queso de la tienda, ¡sin haberlo pagado antes! Esto es muy extraño, ¡cómo es posible que un gato sea el abogado defensor de un ratón!

Capítulo 3

Pepe

se protege de don Gato

La sala del tribunal está llena. Hay una gran expectativa por saber cuál será el veredicto del juicio. El jurado está preparado para escuchar a las dos partes. Pepe en el estrado tiene cara de sorpresa, y don Gato está listo para entrar en acción. Respiro profundamente y me relajo, ser juez no es nada fácil, pero haré todo lo posible para actuar con justicia y tomar la mejor decisión.

—Su señoría —dice don Gato—, estoy aquí como abogado defensor de este ratón. Como sabrá, él está acusado de robar un queso.

Me asombran las palabras de don Gato. Pensé que los gatos y los ratones nunca podrían ser amigos, pero aquí están los dos, uno como acusado y el otro como su defensor.

Posteriormente, el fiscal presenta las acusaciones y dice que Pepe tomó un queso de cinco kilos de la tienda de su vecino. También afirma que muchos testigos habían visto al ratón entrar y salir de la tienda a hurtadillas. Trato de imaginarme el tamaño del queso que dice el fiscal; porque ¡un queso que pesa cinco kilos debe ser enorme!

El fiscal concluye su presentación diciendo que Pepe se había llevado el queso pedazo a pedazo. Esto le había tomado toda la noche. Por esta razón, a la mañana siguiente dijeron que lo habían visto de nuevo frente a la tienda.

Don Gato, blanco y enorme, mira al fiscal y a Pepe; parece sufrir un ataque de nervios y, cuando empieza la defensa, tartamudea. De pronto dice:

—Seguramente, Pepe estaba rondando esa noche por ahí.

—Señor gato, ¿está usted sugiriendo que Pepe estuvo allí? —pregunto.

Me asombra que don Gato diga eso, porque su función es defender, no ofender.

Don Gato ofrece disculpas y continúa con su presentación:

—Un ratón del tamaño de Pepe puede cargar un queso de cinco kilos —dice—. Todos los ratones del mundo son unos glotones... les encanta el queso.

¡Ajá! Comienzo a entender lo que le pasa a don Gato; no puede olvidar que los ratones son traviesos con los gatos; esto afecta su sensatez.

—Don gato —intervengo—, lo cortés no quita lo valiente. Conozco las relaciones tirantes que tienen los gatos y los ratones; todos sabemos que con frecuencia se cometen travesuras, pero esto no quiere decir que usted no defienda a su cliente como es debido. Lo pasado, en el pasado. Si está de acuerdo, hacemos un cambio de abogado; creo que será más cómodo, tanto para Pepe, como para usted.

—No, no, su señoría —me responde sonrojado—. Tiene razón, en vez de intentar vengarme de Pepe entiendo que lo debo defender.

Nunca imaginé que ser juez fuera tan difícil ni que don Gato quisiera vengarse. Parece que lo que me enseñaron don Búho y mis padres me ha ayudado a ser más conciliador.

Detective del lenguaje	**Busca un pronombre demostrativo en esta página.**

Capítulo 4

Nico,

el experto en travesuras

Espero que, a partir de este momento, don Gato se comporte como todo un abogado defensor. Es incorrecto que acuse a su defendido, porque debe hacer lo que esté en sus manos para demostrar la inocencia de su cliente.

—Dados los inconvenientes —digo con la autoridad de mi cargo—, se levanta la sesión y la retomaremos dentro de una hora.

Todos los presentes se levantan de sus sillas y don Gato se queda hablando con Pepe; al rato se une a la charla la madre de Pepe, doña Ratona. Entre tanto, el fiscal sale y yo voy a mi oficina.

Miro el reloj: ha pasado una hora, es el momento de regresar a la sala.

—El honorable juez Juan entra en sesión. —Oigo decir detrás de la puerta y me dirijo a ocupar mi puesto con mucha dignidad.

Me pregunto si realmente Pepe es inocente; recuerdo que este ratón era muy travieso y le jugaba muchas bromas al pobre don Gato.

Detective del lenguaje **¿Qué indican las rayas de diálogo en el segundo párrafo de esta página?**

Todos los presentes se levantan mientras atravieso la sala; doy la orden de que se sienten. Tanto el fiscal como don Gato están listos para reanudar el juicio.

—Señor gato —pregunto de nuevo—, ¿desea continuar siendo el abogado defensor de Pepe?

—Sí, su señoría —responde con decisión—. Es mi deber.

Todo lo que está ocurriendo es fuera de lo común. Esta debe ser la primera vez que el juez le pregunta al abogado defensor si quiere continuar defendiendo a su cliente. Como te darás cuenta, este es un juicio fuera de lo común, ahora que lo recuerdo, ¡esta es una situación fuera de lo común!

Después de esta pregunta, el fiscal llama a su primer y único testigo, el señor Cornelio.

—En la mañana referida —pregunta el fiscal—, ¿vio usted a Pepe rondando la tienda?

—Creo que sí —responde Cornelio con timidez.

—¿Cree o está seguro? —pregunta el fiscal.

—Estuve un rato enfrente de la tienda; yo estaba con mi hijo. Ambos vimos a Pepe, al señor Cerdo y a Aleja, la Coneja en la tienda.

—Según pudo escuchar, su señoría —dice el fiscal—, Pepe estuvo esa mañana en la tienda, de manera que, los hechos concuerdan, señores del jurado.

El fiscal se sienta satisfecho, el jurado se mira entre sí y un gran silencio invade la sala. Pepe mira el suelo desconsolado y hace gestos con su cabeza, como si estuviera negando, pero don Gato le da una palmadita en la espalda y se levanta para interrogar al testigo.

—¿Qué estaba haciendo Pepe esta mañana, cuando lo vio en la tienda? —le pregunta don Gato al señor Cornelio.

—Pepe le estaba poniendo silbatos a una silla para que cuando alguien se sentara sonaran con gran escándalo —responde el señor Cornelio—. Y eso mismo ocurrió cuando el señor Cerdo se sentó. Aleja, la Coneja, lo vio todo. ¡Ese ratón es un travieso!

—¡No es cierto! Yo nunca haría eso —dice Pepe acongojado.

—Su señoría —interrumpe don Gato—, permítame buscar más pruebas que demuestren la inocencia de mi cliente.

La sala se queda en silencio después de las palabras de don Gato.

—Creo que lo más sensato —digo después de un rato—, es retomar mañana en la tarde la sesión.

Al día siguiente, a medida que todos los animales iban llegando a la sala, yo me alistaba para escuchar la defensa de don Gato, quien estaba dispuesto a comprobar la inocencia de Pepe.

—Esta mañana —inicia su defensa don Gato con mucha animación—, fuimos a la tienda.

—Continúe, don Gato —le digo.

—Fuimos allí para recoger pruebas, ya que eso es muy importante en cualquier juicio.

—Llegamos a la tienda y el tendero nos abrió con amabilidad —continúa don Gato—. Luego fuimos al lugar donde desapareció el queso. ¡Mmm, el delicioso queso de cinco kilos! Digo fuimos porque no estaba solo; me acompañaron doña Ratona, Nico, el hermano gemelo de Pepe y el detective Picolín.

Parece que don Gato no va a ninguna parte, ¿qué será lo que quiere decir?

—No encontramos pruebas —continúa don Gato—. Primero, hablamos con el tendero; luego, hablamos con Aleja, la Coneja y con el señor Cerdo, pero ninguno había visto nada. Nadie estuvo en el lugar de los hechos esa noche, sin embargo, algo inesperado ocurrió mientras estábamos indagando. Doña Ratona, la madre de Pepe, tropezó con el bulto de harina, y esta se desparramó por el suelo.

Don Gato toma un poco de aire mientras el jurado guarda silencio y se mira con un poco de asombro. Nadie sabe qué dirá don Gato ni por qué está dando tantas explicaciones.

—Como todos los presentes sabrán —retoma la palabra el gato—, Nico es el hermano de Pepe.

"Entonces, ¿fue Nico?", me pregunto con sorpresa mientras don Gato continúa hablando.

—Cuando la harina quedó en el piso —continúa don Gato—, pudimos ver unas huellas. Doña Ratona y Nico las reconocieron inmediatamente, por lo que Nico salió corriendo tan veloz como un rayo.

En efecto, Nico es más travieso que Pepe; recuerdo que, un día, Nico le escondió la ropa a su hermano y Pepe no pudo asistir a la escuela. Otro día, vertió sal en el recipiente del azúcar y, cuando doña Ratona hizo su gran pastel de queso, el resultado fue un bloque de queso salado.

—Doña Ratona nos explicó que Pepe tiene una pata más grande que la otra —retoma la palabra don Gato, entregándome los documentos de nacimiento de Pepe y Nico, donde están las huellas de sus patas—. Nico, mientras tanto, las tiene tan parecidas que es muy difícil diferenciar la derecha de la izquierda. Por lo tanto, las huellas que se encontraron ¡son de Nico y no de Pepe!

Doña Ratona acerca a Nico al estrado; el hermano gemelo de Pepe se ve muy apenado por las consecuencias de su broma.

—No olvide, don Gato, que también fue Nico quien puso los silbatos en la silla y no Pepe —dice doña Ratona mientras mira a Nico con una mirada reprobatoria.

—Como te diste cuenta, Nico, las bromas pueden llevar a grandes conflictos y malentendidos; tu hermano casi obtiene un castigo sin necesidad —digo con seriedad dirigiéndome a Nico—. Devolverás el queso, porque supongo que lo tendrás guardado en tu habitación; además, harás servicio comunitario. Doña Ratona, le agradezco que haya traído a Nico. Don Gato, muchas gracias porque, a pesar de sus diferencias con Pepe, lo ha ayudado en este difícil caso. ¡Caso cerrado!

Todos los presentes celebran que se haya descubierto la verdad en este juicio. Por toda la sala vuelan sombreros, pañuelos y guantes. Espero que Nico haya aprendido a dejar de hacer bromas pesadas, porque pueden tener consecuencias graves.

Cuando tomo la pluma para firmar el veredicto, todo comienza a dar vueltas como al principio: las voces de don Gato, Pepe, doña Ratona y los demás animales, se escuchan muy lejos. De repente, miro alrededor y todo vuelve a ser real; tengo en mis manos mi pluma y de nuevo estoy dibujando el robot. ¡Qué increíble experiencia!

Creo que tengo un buen motivo para volver siempre a dibujar animales. ¡Un motivo muy real!

Resumir

Usa los detalles más importantes de *Soy el juez de este ratón* para resumir el cuento. Puedes usar el organizador gráfico como ayuda.

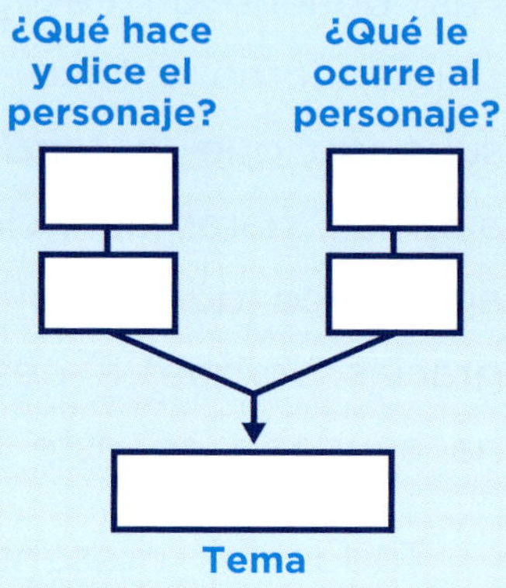

Evidencia en el texto

1. ¿Cómo sabes que *Soy el juez de este ratón* pertenece al género de fantasía? Identifica dos características que te lo indiquen. **GÉNERO**

2. En el capítulo 1, ¿cómo solucionan su conflicto el gato y el ratón? **TEMA**

3. En la página 9, ¿qué significa la palabra *tirantes*? Usa las claves de contexto para conocer su significado. **CONNOTACIÓN Y DENOTACIÓN**

4. Escribe acerca de cómo ayudó don Gato a solucionar el conflicto en el que se vio involucrado Pepe. **ESCRIBIR SOBRE LA LECTURA**

Género Texto expositivo

Compara los textos

Lee acerca de las maneras en que las personas pueden ayudar a detener el acoso escolar.

A prueba de acosadores

¿Alguna vez has sufrido acoso escolar? Este tipo de acoso puede tomar distintas formas.

Formas de acoso escolar	Ejemplos
Verbal	• Molestar o insultar a alguien • Hacer bromas pesadas • Amenazar a alguien con hacerle daño
Físico	• Empujar, golpear o patear a otra persona • Tomar las pertenencias de alguien
Social o de exclusión	• Difundir rumores sin fundamentos o chismes acerca de otra persona • Ignorar a alguien deliberadamente • Dejar a alguien fuera del grupo
Por internet	• Difundir rumores sin fundamentos acerca de una persona en las redes sociales • Escribir mensajes hostiles

El doctor Joel Haber es sicólogo clínico experto en acoso escolar. Este estadounidense dice que el acoso es con frecuencia una manera utilizada por las personas jóvenes para poner a prueba su poder. Esto ocurre en la escuela, en campamentos de verano o en los equipos deportivos. Puede ocurrir casi en cualquier lugar y momento. Algunas veces, los agresores actúan solos. Otras veces, actúan en grupo.

El doctor Haber enfatiza la importancia de enseñar a los niños, desde muy temprana edad, que no es aceptable herir a las personas o tratarlas mal. Educar a los niños pequeños respecto del acoso escolar puede ayudar a prevenirlo más adelante.

Este tipo de acoso puede ser extremadamente dañino. Puede hacer sentir a alguien aislado, infeliz, asustado e incluso enfermo. Cuando las personas son agredidas puede darse que:

- sus notas bajen.
- eviten ir a la escuela.
- dejen de comer.
- se retraigan y se nieguen a hacer cosas con sus amigos y familiares.

El doctor Haber es conocido por su labor como consejero contra el acoso escolar. Considera importante que los estudiantes se relacionen en la escuela con otros compañeros cuando han padecido acoso escolar.

También considera esencial que quienes han sufrido acoso escolar deben saber que tienen alternativas: pueden buscar ayuda o pedir la intervención de un consejero escolar, un consejero contra el acoso escolar o un maestro. Él cree que si a los niños se les enseñan las destrezas correctas, aprenderán a defenderse de los agresores y a volverse a prueba de acosadores.

Haz conexiones

¿De qué manera tener información acerca del acoso escolar ayuda a las personas a llevarse mejor? **PREGUNTA ESENCIAL**

¿Qué información de *A prueba de acosadores* podría haber ayudado al gato y al ratón de los dibujos animados en *Soy el juez de este ratón?* **EL TEXTO Y OTROS TEXTOS**

Enfoque: Elementos literarios

Atmósfera Los escritores emplean palabras para crear una determinada atmósfera en un relato. Pueden usar palabras para mostrar situaciones alegres, tristes, de ansiedad o terroríficas. Esto ayuda a que los lectores visualicen y comprendan las acciones y los sentimientos de los personajes.

Lee y descubre En la página 2, el narrador habla acerca de la animación de la simpática oveja Olga que bala cada vez que ve una mariposa. Allí describe la imagen y el sonido; de esta manera le es fácil para al lector imaginarse una atmósfera divertida.

Tu turno

Escribe un relato acerca de una aventura de Juan con Tuercotas y Rechín, los robots que está dibujando.

Elige una atmósfera para la aventura que vas a escribir, puede ser de misterio, dramática o divertida. Recrea la atmósfera por medio de las palabras adecuadas. Ilustra tu cuento con una imagen. Por último, lee el relato a tus compañeros de clase. Pregúntales si pueden identificar la atmósfera de tu relato.